Ido Boscolo

Despertar

Desde la física cuántica al Reiki, pasando por
Ho'oponopono
Los secretos y las recetas para vivir en armonía
con nuestro mundo están ahora desvelados

Índice

Normalmente amo leer libros y no escribirlos, pero esta vez me pongo en el lugar de quien compone las palabras como la partitura de una gran orquestra.

Sí; una gran orquestra que no tiene músicos ni directores, no tiene elementos, instrumentos ni mucho menos acordes para ejecutar o leer.

Y como dije hace un momento, aquí estoy, despojado de todo lo que podría afectar mi pensamiento. Estoy, sin instrumentos, partituras, músicos y sin director de orquesta.

He aprendido que cuando tenía 27 años mi percepción de cómo iban las cosas no cambiaba con respecto a cuando tenía 9 ó 10, sabía exactamente cuándo algo no iba por el camino correcto, sabía perfectamente que yo no estaba en la misma longitud de aquella onda, de algo que racionalmente me llevaba a hacer los gestos de la vida cotidiana.

Aunque luché en vano contra la corriente, sabía que de nada servía el esfuerzo porque en mi interior sentía que poco después me encontraría en el mismo punto de partida, pero con una diferencia... el mismo problema se presentaría nuevamente, con el mismo mecanismo, y aun cuando lo miraba desde otra perspectiva, entendía que ahora, era aún mayor considerando que tenía añadidos los intereses problemáticos y requería mayores esfuerzos físicos y psicológicos para resolverlo.

Con todo esto, comprendí que no había remedio o atajos, porque sentía que tenía que recomenzar de cero con nuevas soluciones porque no había resuelto inicialmente el problema en el modo correcto.

No importaba si cambiaba de ruta o buscaba quedarme alrededor del obstáculo: el problema se repetía siempre.

Aprendí que las soluciones ya existen dentro de nosotros, por eso la vida nos presenta sus desafíos, porque es su manera de hacernos partícipes y hacernos despertar, y nos ofrece todas las señales con las cuales ella puede manifestarse.

Estoy escribiendo este libro en mi total conocimiento y conciencia de que para mucha gente será un trampolín hacia un nuevo viaje dentro de sí mismo, al redescubrimiento de sus propios recuerdos que siempre se repiten en el presente.

Escribo este libro, ya que no es casualidad que lo estás leyendo y que definitivamente vas buscando un enlace y la razón del por qué tienes esta guía en tus manos; estoy seguro de que al final de estas páginas ya habrás encontrado tu respuesta, si es que aún no la tienes.

Este libro está dedicado a ti, a tu felicidad y tu conciencia.

Está dedicado a mi hija Laura, que me demuestra la vida vivida con pasión, con su autenticidad y con todo su amor.

A todas las personas que me han acompañado en este camino de despertar y que han vivido conmigo el cambio.

También para todos aquellos que tienen la determinación y el coraje de retarse a sí mismos para llegar al final de este viaje hecho de palabras impresas.

"Soy un visionario y no me importa cuán visionario puedo parecer, porque no existe cantidad para quien visionario es!"

Ido Boscolo

Qué somos

Si nos miramos en el espejo vemos una figura, reconocemos con nuestros propios ojos a una persona hermosa, vemos que tenemos orejas, nariz, pelo, hombros, brazos, manos, dedos y bajando, vemos más y más de todo nuestro cuerpo perfecto que funciona a la perfección, porque somos una obra maestra.

Algunas personas notan sus pequeños defectos, pueden aceptarlos o no, pero estamos aquí, frente al espejo y todavía vemos nuestra belleza.

Lo que somos depende de nosotros y de cómo nos percibimos nosotros mismos.

De hecho, somos una amalgama de huesos, músculos, órganos revestidos de piel, pero en lo más profundo y en la parte más pequeña, para la física somos compuestos de energía, y aún más en profundidad para la física cuántica somos electrones que están en constante cambio y movimiento.

El significado de "energía" para la física cuántica es: gran cantidad de electrones encerrados en pequeños espacios que los concentran.

La combinación de todos estos pequeños espacios llenos de energía forma lo que vemos en el espejo: ¡NOSOTROS!

Así que incluso cuando caminamos por la calle o en medio de la gente, más allá de la apariencia física y la belleza, estamos viendo energía pura.

Toda energía tiene una longitud de onda (además de emitir una vibración propia) y funciona como un receptor de radio, que envía y recibe señales de todo tipo, en cada segundo que vivimos. Esto sucede, nos guste o no, seamos conscientes o no de ello.

Así que, si nosotros somos esta radio, significa que nuestra energía emite una frecuencia determinada, con una modulación diferente para una misma emoción que brota de nosotros, sea intencional o no.

Así estamos hechos todos los seres humanos, y esa emisión de frecuencias sucede hacia todas las personas, tengamos contacto visual con ellas o no.

Un ejemplo concreto es este, que podría ser tu caso: Imagina por un momento que estas con alguien caminando o estás en el bar o en el supermercado, y estáis hablando de algo que tenéis en común.

En un momento dado mientras hablas, ves que otra persona se acerca a ti y a tu amiga, y además notas que la persona que no conoces se acerca sonriendo hacia vosotros.

En tu interior intuyes que esta nueva persona es definitivamente alguien que sabe quién es tu amiga, por lo que mantienes la serenidad y esperas a que algo suceda.

En un principio, lo que pasa es que las dos personas se saludan una a otra y después de un tiempo tu amiga te presenta la nueva persona.

Es solo en este momento cuando entiendes si te gusta o no esta nueva persona, si hay buena sensación o no, si es buena persona o no, si sientes que puede ser amiga o no.

Justo en este momento... nuestro cerebro racional se activa y neutraliza cualquier emoción previa.

De hecho, con la ayuda y la explicación de la física cuántica se puede observar que: mientras la nueva persona venía hacia nosotros, su energía se acercaba a la nuestra y nos ponía en un estado de vibración debido a su frecuencia.

Nuestra energía ya estaba enviándonos señales, ya sentíamos lo que era para nosotros esa persona, creándonos así emociones, estados de ánimo, presentimientos, etc.

En realidad todo esto ocurría a nivel inconsciente, pero con el pasar del tiempo, si lo observamos mejor desde el principio, veremos que estábamos en lo correcto con la primera impresión que tuvimos, antes de que nuestro cerebro interviniera, y es esta impresión la que prevalece.

En este punto, sin embargo, también es adecuado tener en cuenta que si esto sucede dentro de nosotros, al mismo tiempo también ocurre en la otra persona que acabas de conocer.

Pero la cosa no acaba aquí. Incluso nuestra amiga con el que estábamos percibe y siente esta vibración.

Así que siempre sonríe a los que conoces por primera vez; este gesto dejará un buen recuerdo de ti, enviará tu energía perennemente hacia la memoria de la otra persona.

> *"Somos melodía en constante expansión"*
>
> *Ido Boscolo*

Uno y cero

En la física no tradicional (física cuántica), la energía o electrones tienen una propiedad importante que la hace única: su "ESTADO".

Por su "estado" se entiende una "posición", esto es 1 ó 0. Esto determina si un electrón está en la posición "1" o si está en la posición "0".

Independientemente de cómo es su posición, sigue siendo pura energía y sigue existiendo en cualquier estado.

A modo de ejemplo podemos considerar este estado como la televisión que tenemos en casa.

Si enciendo el televisor, veré imágenes bien definidas y detalladas gracias a la frecuencia en la que viajan desde el punto de transmisión hasta el punto de recepción de mi televisión, y que luego nuestro descodificador mostrará lo que sea más de nuestro interés.

Podemos considerar este "estado o posición" 1.

Pero cuando nuestro televisor está apagado y no vemos nada, podemos considerar este "estado o posición" como 0.

Independientemente del estado de nuestro televisor (que esté encendido o apagado), la antena siempre recibe y siempre está funcionando, por lo cual existe perennemente una frecuencia de energía emitida.

Bien, si te parece que este ejemplo funciona y no te produce dudas, entonces puedes usarlo para cualquier cosa a ti te guste,…pensamiento, emoción, personas o cosas.

En tu casa cuando enciendes la luz, usas un interruptor, por lo cual puedes ver o no ver, pero aunque tú no veas nada puedes sentir la electricidad si tocas los cables. Esto ocurre independientemente de tu interruptor, si está en posición de "ON u OFF", "ENCENDIDO o APAGADO", o en "1 ó 0".

La energía es una "constante variable", tanto en las grandes cosas como en la más pequeñas o microscópicas.
Cuando digo "constante" es porque existe siempre y cuando digo "variable" es porque puede estar en "1" u "0".

En este punto podemos profundizar aún más y ser conscientes de que si somos electrones entonces somos energía, y por lo tanto somos al mismo tiempo un estado de "encendido" o "apagado"; por lo tanto, podemos declarar a nosotros mismos que en estado puro somos lo que en informática se llama "BIT".

¿¿QUÉ? ¿SOMOS BIT??

¡Sí, que no cunda el pánico! Somos el conjunto de bits en constante cambio y mutación, somos nuestros ingenieros, los artífices de lo que vimos esta mañana en el espejo, el bello o el feo, el bueno o el malo, el odio o el amor; somos el 1 ó 0, pero siempre somos energía.

Somos la sonrisa o somos los antipáticos cuando conocemos a alguien; todo, pero todo lo que queremos, podemos serlo y hacerlo. Somos bits de información dentro del electrón.

La física cuántica es muy clara y dice que un electrón puede existir en cualquier lugar en un espacio de infinitas posibilidades, siempre y cuando el observador no intervenga y determine su posición o estado. Esto significa que mientras nuestra conciencia (observador) no determina lo que queremos (1 ó 0), este electrón existirá en cualquier lugar en un campo de infinitas posibilidades.

Sólo cuando fijemos lo que queremos, esto se manifestará frente a nosotros.

Por ejemplo, si pensamos que queremos una manzana, esta manzana no se manifestará delante de nosotros hasta que no nos declaremos a nosotros mismos, que queremos comer una manzana.

Otro ejemplo sería el deseo de cambiar de coche o hacer un viaje a un lugar que nos gustaría, pero hasta que no lo queremos y deseamos con intensidad, no obtendremos ni un coche ni un viaje.

Si nos vemos en nuestra imaginación conducir un coche que nos gustaría tener o nos vemos en un hermoso lugar que nos gusta, lo más probable es que esta imaginación se realice.

Cuanta más pasión y deseo ponemos en juego, más rápidamente habremos creado nuestra realidad.

Seguro que esto ya te ha ocurrido, pero no te has dado cuenta de que el verdadero artífice has sido tú.

La razón es que a lo mejor te has olvidado que lo has querido tú, o que olvidaste haberlo soñado.

Seguramente, ahora estás tratando de recordar, y haciendo miles de conexiones con las cantidades de cosas que has vivido de esta manera, pero yo como libro te sirvo solo para mostrarte que existe el agua, y que sólo tú puedes decidir si quieres beber o no. En cualquier caso, sin embargo, llegaras a tu fuente, cualquier decisión que tomes. 1 ó 0!

Si vuelves a leer este breve capítulo, te preguntarás: ¿cómo puedo llegar a la fuente?

En este mundo (donde vivimos) todo depende de nuestra determinación; estos son los ingredientes para conseguir lo que quieres, como lo quieres y cuando lo quieres.

1. Determinación: fija tu objetivo, visualízalo, créalo en tu imaginación, y declara a ti mismo que vas a trabajar duro para realizarlo.

2. Positivismo: siempre piensa que el trabajo que estás haciendo para llegar a tu destino es fácil, y que esta actitud te facilita el camino hacia tu objetivo.

3. Compromiso: el compromiso de ser más positivo hacia esta meta, sueño u objetivo.

4. Constancia: entrénate todos los días a mantener presentes los tres primeros puntos, y recuerda que todos somos futbolistas y modelos, sólo depende de ti: de cuánto te entrenas para devenir en ello.

5. Tiempo: Determina cuándo quieres que se manifieste tu objetivo y acuérdate que cuanto más pequeño sea el objetivo, más rápidamente

obtendrás los resultados; si es más ambicioso tomará más tiempo para realizarse. El ejemplo de una manzana o un coche. Fíjate una fecha con la cual te sientes a gusto para recibir con facilidad tu objetivo.

6. Preparación: el más difícil de todos los puntos. Prepárate para ver lo que está sucediendo a tu alrededor, prepárate para identificar la menor señal que te ayude a alcanzar tu meta. Pueden ser personas, objetos, palabras, emociones o lugares; todo tiene algo en sí, no es por casualidad que están delante de nosotros.

7. Observación y decodificación: una vez que entiendes la señal, escúchate y pregúntate si esta señal te es útil, tus sensaciones y emociones no te mienten ni te engañan. Para entender este mecanismo utiliza el 1 y el 0, donde si sientes que la señal para ti es algo valido será un 1, mientras que si tienes duda de que te pueda ser útil como señal será un 0. Si hay alguna duda, es que no hay duda; lo que has observado es dudoso, por lo que no te pertenece, no te será útil.

Para decodificar estos puntos y codificar nuestro objetivo, podríamos hacer este ejercicio:

$$
\left.\begin{array}{l}
\text{DETERMINACIÓN} = 1 \\
\text{POSITIVISMO} = 1 \\
\text{COMPROMISO} = 1 \\
\text{CONSTANCIA} = 1 \\
\text{TIEMPO} = 1 \\
\text{PREPARACIÓN} = 1 \\
\text{OBSERVACIÓN} = 1
\end{array}\right\} = \text{ESTADO 1}
$$

Si sólo uno de estos siete puntos se encuentra en un estado 0, habremos creado una variable en la que se necesita un trabajo para cambiar la ruta.

Cada cero va a ser un punto desfavorable para nuestro objetivo, que se nos escapará de nuestras manos. Mientras más "estados" de 0 existan, mayor será la probabilidad de crear fricciones o dificultades para llegar a nuestra meta.

¿Todo parece difícil verdad? Esto se debe a que vivimos en una sociedad difícil, que tiene diferentes energías, pero nada es imposible si aplicamos y posicionamos todos los puntos en "estado" de 1.

Para entendernos:

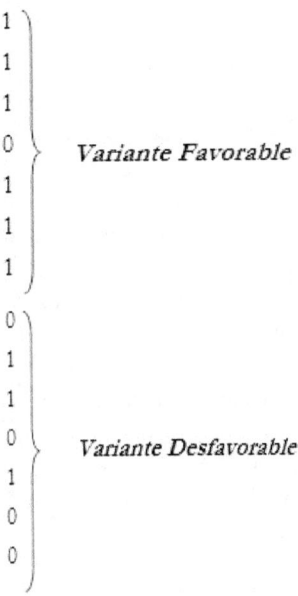

Resultado: cuantos más 0 tengamos, significa menor posibilidad de éxito, independientemente de cuál sea el punto con estado de 0 entre los siete.

> *Si tienes dudas, es que no hay dudas...Cambia!*
>
> *Ido Boscolo*

Deseo y permiso

¿Cuántas veces has tenido un deseo y nunca se hizo realidad? ¿Y los sueños en el cajón cerrado?

A menudo te habrás preguntado cómo es posible que esos sueños que teníamos cuando éramos niños o adolescentes y que nunca se han realizado, hoy en día con nuestra edad los vemos a veces cumplidos en otras personas (a veces famosas), y nos decimos a nosotros mismos: yo también quería hacer este gran trabajo de mayor.

Bueno, lo más probable, es que esas personas nunca hayan dejado de soñar, y hoy se han convertido en lo que siempre habían querido ser.

¿Cuántos niños en los años 90 soñaban con ser un famoso jugador de fútbol? ¿Y cuántos de ellos soñaban con ser parte de un gran equipo de fútbol? ¿Y cuántos de ellos soñaban con ganar un campeonato del mundo? ¿Y cuántos de ellos soñaban con ganar un balón de oro?

Como se puede ver, con el pasar de los años sólo unas pocas personas han podido aplicar de manera coherente los siete ingredientes como se muestra en el capítulo anterior, manteniendo siempre delante de sí mismos el objetivo, sin demasiadas distracciones. Tuvieron éxito gracias a su tenacidad, pasión y amor por lo que creían, se han ido preparando con dignidad día tras día para el gran día, para estar donde los llevaría sus sueños.

En todo esto, el famoso futbolista nunca ha dudado de sí mismo, incluso en momentos de desesperación cuando las cosas no iban como tenían que ser en el campo de fútbol, aun cuando no pudo hacer un gol a la portería vacía.

Te digo esto porque como has leído en el capítulo anterior, todos somos jugadores, sólo tenemos que entrenar en lo que queremos ser de mayores, aunque ya tengamos 40, 50, 60 o 90 años.
Si solo pensamos que algo puede no funcionar, eso es lo que ocurrirá.

Para entender mejor este punto, te llevo en profundidad a este ejemplo, con lo que yo llamo la ley de "El permiso" que según mi pensamiento incluye las siete leyes universales y que la física cuántica define como: PARADOJA "EPR" (paradoja Einstein, Podolsky, Rosen).
La paradoja es un experimento mental que muestra cómo una medida realizada en una parte del sistema cuántico, propaga al instante un efecto sobre el resultado de otra medida, ejecutada en otra parte del mismo sistema, con independencia de la

distancia que separa los dos puntos tomados en consideración.

Esta paradoja se conoce también como "entrelazamiento cuántico".

De hecho, en nuestra vida diaria la ley de "El permiso" podemos describirla así:

Un electrón puede existir simultáneamente en varios lugares del universo, y sólo cuando lo observamos, definimos y fijamos su posición, pero si paramos de observar, seguirá su camino.

Para comprender el "permiso" debemos tener presente estos factores

"Multiverso y entanglement"

- Como multiverso, entendemos que nuestro deseo o sueño existe en esta realidad y, al mismo tiempo, existe en otro universo, en el que de hecho ya es real o ya existe.

- Como entanglement, entendemos que este deseo o sueño puede sentir y modificarse al instante en varios universos, gracias al entrelazamiento entre ellos.

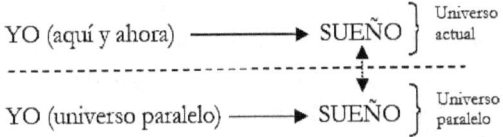

Si imaginamos que en un universo paralelo ya existe nuestro sueño, y lo visualizamos en todos sus colores y detalles, este sueño que todavía no existe en nuestra vida, probablemente se verá influenciado por el paralelo.

Paradójicamente, sin embargo, debemos tener en cuenta que es evidente que cada pequeño cambio que realicemos al sueño de la vida presente, afectará al de la vida paralela.

A este punto te estarás preguntando, "sí, pero ¿Cómo hago para no pensar en el sueño o en mi deseo?"

Es cierto que no es fácil, cada vez que pensamos y no lo hacemos con la misma intención, fuerza y visión, desviamos el impulso global que hemos impreso al principio. Cada vez que lo piensas distinto a como ha sido creado, modificas el sueño en el universo paralelo, y cuando te llegue, probablemente tendrá esos pequeños cambios o modificaciones que se han creado inadvertidamente.

El truco está en el "permiso".

En muchos libros se nos dice cómo atraer las cosas gracias a la llamada ley de la atracción, que para muchos no funciona como debería, porque nadie revela el secreto en su estado puro, y nadie revela la mecánica de su funcionamiento.

El "permiso" está en olvidar indefinidamente ese sueño y/o deseo, y sustituirlo con el sentimiento y la emoción que te produce, como si ya estuviera en tus manos, o como si ya existiera para ti.

Debes permitirte olvidar y al mismo tiempo, permitirte disfrutar, sentir, percibir y apreciar aquel sueño, en esta vida...universo.

Experimentar esa emoción y sentimiento es la clave a aplicar todos los días, y en cada momento posible en el que te sientas bien y estés alineado con tu sueño y/o deseo.

Por lo tanto podemos resumir el funcionamiento con este gráfico:

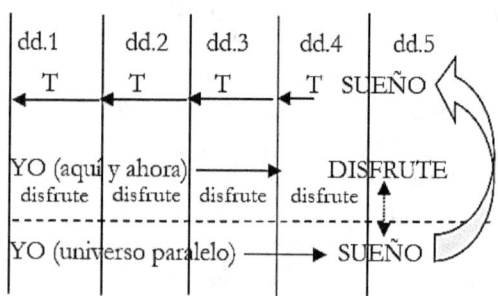

T= tiempo
dd= días

Con palabras y números podemos por lo tanto crear un orden cronológico para explicar mejor este esquema.

1) YO – donde quiera que esté
2) SUEÑO – en el momento en el cual lo pienso y lo visualizo, ya existe en el universo paralelo, en el momento en que lo creo.
3) OLVIDO – me permito olvidarlo para no modificarlo
4) SUEÑO – en la vida del "aquí y ahora" está por llegar o mejor dicho… "viene hacia mí"
5) PERMISO – continúo experimentando esa emoción día tras día, y actuando así, voy acercándome más rápidamente a mi sueño.

Además en la física cuántica existen varias sugerencias de ilustres representantes, respecto a cómo el entanglement afecta las dimensiones; por ejemplo el hiperespacio topológico a 4 dimensiones, de Stephen Hawking, o la 5ª dimensión de Michio Kaku donde se observa la función beta de EULER.

En cualquier caso, tanto si hablamos de 4, 5 o más dimensiones, esta ley del "permiso de olvidar" continúa funcionando.

Un viejo refrán dice: *DALE TIEMPO AL TIEMPO, Y TODO SE ARREGLARÁ...* ¿lo recuerdas?

Me gustaría continuar hablándote de física cuántica porque quisiera hacerte reflexionar sobre este punto.

En el hiperespacio topológico de Hawking, para hacer que exista un electrón en dos lugares distintos simultáneamente, se necesita de un ipersalto cuántico entre un espacio-tiempo y otro espacio-tiempo, y para ello se utilizan atajos mejor conocidos como "WORMHOLE" o "agujero de gusano".

(Este término ha sido formulado por Einstein-Rosen)

Esta madriguera (wormhole) es un puente en el espacio-tiempo y se puede esquematizar así:

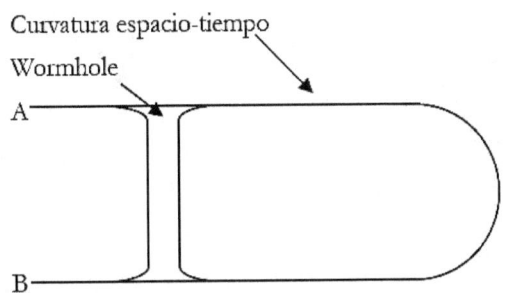

Representación bidimensional de un wormhole

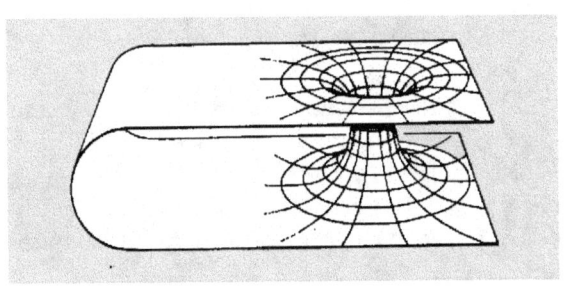

Representación tridimensional de un wormhole

Según la ley de Einstein-Rosen, un electrón viajaría más rápido que la luz.

Gracias a éste último esquema podrás en fin comprender cómo se conecta el sueño de un universo con el sueño que existe en otro universo.

En la práctica, mi mecanismo es el siguiente y mi sueño en el cajón funciona literalmente como lo indican estas palabras:

Tomo una hoja, post-it o cualquier papel que no tenga líneas ni cuadros, escribo mi sueño o deseo en pocas líneas, y después doblo el papel y lo guardo en un cajón.

Con este gesto creo mi sueño, y permitiéndome olvidar que lo he hecho (y por lo tanto eliminándolo definitivamente de mi memoria), lo dejo a la creatividad del universo: de ese modo, estará presente en todas partes infinitamente, en lugar de quedar fijo en un único lugar.

El segundo paso es el experimentar la emoción que nos produce el resultado desde ya, como si se hubiera realizado mi sueño, o como si tuviera en mis manos el deseo, y continuaré hasta que mi deseo o sueño se convierta en realidad en mi universo.

El cajón a elegir puede ser cualquiera que tengas en casa, o simplemente una caja, que utilizarás solamente para guardar todos tus sueños. Lo importante es que esté vacío, y que con el pasar de los días no atraiga tu atención para no modificar el sueño con tu pensamiento; de este modo el sueño quedará intacto.

Si no tienes un cajón favorito puedes también elegir un lugar al aire libre, como un bosque o un río, donde podrás dejar la hoja que contiene tu deseo o sueño. La naturaleza, al igual que el universo, cuidará de tu deseo como si fuera suyo.

En mi caso concreto he elegido utilizar una caja de zapatos de mi hija, y allí he puesto todos los sueños que he escrito en varios pequeños post-it. Actualmente me he olvidado de las palabras exactas y no intento recordarlas, solo disfruto, me veo llevando a cabo ese sueño, me lleno de gratitud hacia el universo por el maravilloso regalo que me ha hecho, y lo agradezco permitiéndome dar todo el amor por el cual existe ese deseo.

Recuerda por lo tanto tu permiso de olvidar aquello que has escrito, el permiso de no sentirte culpable por haber olvidado, el permiso de disfrutar en total plenitud de tu sueño, el permiso de decirte "ME LO MEREZCO".

La receta por lo tanto es la siguiente

1) Sueña tu deseo, vívelo en aquel instante como si fuera real o como te imaginas que sea. Defínelo con la mayor cantidad de detalles posible, si puedes hazlo con colores vivos, no importa cuáles.
2) Escríbelo resumiéndolo en una hoja.
3) Libera un cajón, vacíalo de cualquier otro objeto que tenga dentro, de modo que no lo pueda contaminar a nivel energético.
4) Deposita en ese cajón tu sueño o todos los que escribas de ese momento en adelante.
5) Disfruta cada día, hora o segundo que puedas de aquellos sueños como si ya pertenecieran a esta realidad.
6) Permítete cada punto citado anteriormente.
7) Agradece cada mañana al universo por haberte regalado la emoción de este regalo, o por haber realizado ese sueño como si ya lo tuvieras en tus manos. Haz lo mismo cada noche antes de dormir.

Cada niño ha tenido y tiene sus sueños en el cajón. Permítete ser aquel niño que los realiza. ¡Siempre!

Ido Boscolo

El tiempo

Por cómo concebimos nuestro tiempo, hoy en día lo medimos con un reloj, tanto si lo medimos con uno de pulsera, con uno de pared o con el de la estación de trenes.

Muchas veces te habrá ocurrido que vas con retraso o con tiempo de sobra en muchos acontecimientos de tu vida, y si lo piensas bien, no es un caso que se repita más veces de las que puedas recordar.

Como habrás entendido, el tiempo no es medible sin un reloj y esto es un hecho para nuestras vidas, hechos y momentos felices o inolvidables. Pero solo nosotros, los seres humanos, lo utilizamos.

En la naturaleza (animales, plantas, etc.) no existe, en la naturaleza solo existe el ciclo de la vida y los ciclos que lo componen.

El sol nace cada día y deja espacio a la luna cuando termina su ciclo; un oso sabe siempre cuándo es el momento de entrar en letargo y sabe siempre cuándo despertarse.

Un árbol sabe cuándo florecer y una abeja sabe siempre cuándo es el momento de recoger el polen.

Cada cosa animada e inanimada conoce perfectamente su ciclo, y siempre sabe cuándo es el momento justo para cualquier cosa.

Lo saben porque están en perfecta sincronía, armonía y alineamiento con aquello que se llama "madre tierra" y "padre sol"; de ambos cogen fuerza y nutrientes para poder vivir.

¿Sabes siempre qué hora es aun cuando no tienes contigo un reloj?

Sí lo sabes siempre, aunque no te lo creas del todo.

Lo sabes porque como todos los seres de esta tierra se te ha quedado algo de alineamiento con los ciclos de la naturaleza.

El hecho es que gracias a esa comunidad en la que vives, has olvidado quién eres en realidad.

Estás habituado a estar fuera de los ciclos naturales, pero tu cuerpo no te miente.

De hecho sabes siempre cuándo es la hora de comer, tu barriga te reclama comida, tu cerebro reclama agua, tu cuerpo entero reclama descanso por la noche, tu piel, tus ojos, sentidos y órganos reclaman sol y calor y como cada cosa que se reclama, necesita de equilibrio y contrapeso para que todo pueda estar en perfecta armonía y sincronización, en estado de plenitud.

SOL – LUNA
VERANO – INVIERNO

Ahora te estarás preguntando qué tiene que ver todo esto contigo cuando estás en retraso o con tiempo de más para tus acontecimientos. Pues tiene que ver, y mucho.

Aunque mires qué hora es, tu metabolismo y reloj biológico no están en sincronía con el reloj que tienes en la muñeca o con el reloj de tu coche, porque la sincronización está alineada con los ciclos de la naturaleza, más de lo que puedas pensar.

Pero no te preocupes, la mayor parte de nosotros es así, no es una casualidad que en la ciudad exista el tráfico, colas en restaurantes, o más en pequeño si queremos utilizarlo como ejemplo, en el baño de tu casa, donde todos deben usarlo al mismo tiempo.

Todo esto sirve para comprender que lo queramos o no, estamos alineados en un cierto modo con la naturaleza. A veces estamos anticipados, a veces estamos en retraso, pero solo algunas veces estamos alineados con nuestro reloj biológico.

Ahora te hago una pregunta: ¿sabes cómo haces para recordar las cosas que han ocurrido en tu pasado? ¿Y cómo es que no tienes recuerdos de tu vida entera, y solo tienes vagos recuerdos sobre el todo?

Te dejo reflexionar, solo tú conoces tu "verdadera respuesta". Por mi parte, me gustaría hacerte reflexionar aún más y así intentar comprender cómo funciona el tiempo y cómo lo medimos hoy, ¿te apetece?

Entonces: 1" (segundo) es el equivalente a 9.192.631.770 oscilaciones de la radiación emitida en la transición de dos niveles "iperfinos" del estado fundamental/básico del isotopo 133 del átomo del CESIO (^{133}Cs) a una temperatura de 0k (K= grado Kelvin, conocido como cero absoluto 273,15°C)

¿Pero cómo hemos llegado hasta aquí? ¿No era el segundo la sexagésima parte de un minuto, que era la sexagésima parte de una hora, que es la vigésimo cuarta parte de un día?

Definición de DÍA:
El vocabulario define el día como un intervalo de tiempo entre dos cruces consecutivos del sol, que atraviesan el meridiano celeste.

Has necesitado 25 segundos para leer desde el número 1" hasta la palabra "celeste", ¿te has dado cuenta?

Bien, hemos empezado con la sincronía y alineación con nuestro reloj biológico y hemos terminado otra vez aquí, en la física y su complejidad, pero luego nos hemos salvado con nuestras clásicas 24 horas. UAU!

Debemos darnos cuenta que tenemos todos en común una característica relacionada con el tiempo…todos, pero realmente todos, recordamos al menos algo de nuestro pasado.

Definición de PASADO:

El vocabulario define: ocurrido en un tiempo antecedente al presente, tiempo que se refiere a un momento precedente, tiempo transcurrido o lo que en él ha ocurrido.

¡Justo lo que en él ha ocurrido es nuestro objetivo!

Para algunos científicos nuestro recuerdo no reside por completo en nuestro cerebro, sino en aquello llamado *"campo del punto cero"*.

Definición del CAMPO DEL PUNTO CERO:

La energía del punto cero en física es considerada la energía más baja que un sistema físico mecánico-cuántico pueda tener, y es la energía de un estado fundamental de un sistema.

El concepto de la "energía del punto cero" fue propuesto por Albert Einstein y Otto Stern en 1913, momento en el que se comenzó a hablar de la teoría de los campos cuánticos. Esta palabra es sinónimo de "VACÍO" y/o de "ENERGÍA

OSCURA", y también de una cantidad de energía asociada al "ESPACIO VACÍO".

Nuestros recuerdos, o mejor dicho, el punto inicial donde empezamos a tener un recuerdo, está en constante conexión con ese campo del punto cero, y es allí donde para muchas personas se colectan las informaciones del pasado, del presente y del futuro.

Esto ayuda a definir lo que en jerga holística y metafísica se suele decir: Estoy conectado con mi YO, estoy conectado con el universo, estoy en armonía y activo con mi estado de conciencia, soy presente, aquí y ahora en plena conciencia...etc.

Por si no lo recuerdas, has leído en este libro que a veces las cosas del pasado que no han sido resueltas se presentan en este actual "FUTURO", y se representan tal cual con los intereses del tiempo. Reflexiona por un minuto cuántas cosas te han ocurrido y re-ocurrido, y después sigue con la lectura y comprenderás aún más lo que ocurre.

(Estoy seguro que comprendes la importancia de resolverlos en cuanto te sea posible y en su totalidad, o ya sabes desde ahora que en tu futuro se te re-presentarán).

En este punto, en el que has reflexionado sobre algunos hechos de tu vida que se te han presentado varias veces, comprenderás que en realidad lo que has hecho conscientemente o inconscientemente ha sido viajar en tus recuerdos pasados, y traer a tu futuro-presente el acontecimiento o hecho que ocurrió en aquel momento.

Si lo observamos mejor, verás que el impulso del pasado ha re-creado en este presente un recuerdo que no era material, pero se ha materializado solo gracias a ti

¿¡¿QUÉ?!?

¿Cómo puede ser que una cosa del pasado se materialice otra vez y luego otra vez y otra y otra?

Pues reflexiona entonces sobre estos puntos:
- Tus ex-parejas tienen todos algo en común que con el tiempo has podido identificar, independientemente si esas cosas te gustaban o no.
- En el mundo de las finanzas te ocurre lo mismo: por ejemplo, una multa o una factura por pagar que llega inesperadamente.
- Las personas que conoces, en un cierto modo, llegan a tu vida pero luego se van así como han venido.
- En el trabajo probablemente cada tres años cambias y has cambiado, y de vez en

cuando tienes que hacer tareas que no te gustan.

Cuando te ocurren estas cosas te dices a ti mismo: ¡Oh no! ¿Otra vez? ¿Pero por qué siempre yo? Y muchas otras bellas frases que solo tú conoces, pero el sentido siempre es el mismo.
¿POR QUÉ?

Si quieres que todo eso deje de ocurrir, que los varios puntos suspendidos que de vez en cuando temes volver a ver en tu presente no vuelvan a ocurrir jamás, existe un buen truco eficaz y que puedes adaptar en cada circunstancia.

El secreto está en el cortar definitivamente el cordón umbilical con estas cosas o hechos que han ocurrido en aquel tiempo, pero esto lo veremos más adelante, al final de este capítulo.

Entonces, ¿te queda claro este punto del pasado, del tiempo y de cómo revives tus viejas experiencias, aunque tengan otra cara u otra forma de presentarse?
¡Si es así, entonces demos un paso adelante y miremos hacia el futuro!

Así como tenemos la posibilidad de mirar al pasado y viajar dentro de él, te puedo confirmar que no termina aquí.

He definido una frase que se utiliza bastante, pero que yo aplico al pie de la letra en todo su sentido y que para ti podría ser fuerte como concepto: "pasear en el tiempo".

Para mí, esta frase significa exactamente dar un paseo en el tiempo, independientemente de si es hacia atrás en el tiempo o en el futuro.

Bien, observa por un momento cómo has aplicado bien esta definición para tu pasado: ¿lo ves? Lo has hecho bien, muy bien, exactamente como si fueras dentro de un tren que aunque está en movimiento hacia el futuro o hacia cualquier dirección donde vayas, has podido asomarte en cualquier ventanilla y ver los particulares momentos o fracciones de tu pasado.

Exactamente así, cada ventanilla podría ser equiparada a un momento específico de tu vida, así como el diccionario define la palabra "pasado".

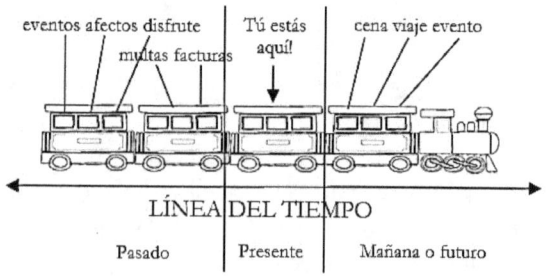

Entonces, si puedo recordar el pasado, revivirlo en el presente, y tengo esta extraordinaria capacidad como ser humano, ¿puedo recordar también el futuro? ¿QUÉ?

¡Recordar el futuro es completamente contradictorio! ¡No puedes recordar el futuro, todavía no ha ocurrido!

Calma, no se te ha ido la cabeza, estas solo leyendo.

Es una afirmación muy fuerte, lo sé y lo sabes, y por eso te sugiero seguir leyendo e ir más allá de lo que sabes y conoçes, de hecho el miedo nace de lo que se desconoce, así como probablemente tenías miedo de la oscuridad cuando eras niño.

No estoy hablando de hacer un viaje en el futuro como muchos podrían pensar, recuerda que estas solamente leyendo sobre como "recordar el futuro".

Para que comprendas mejor, quiero recordarte que estamos hechos de energía, y por lo tanto somos compuestos de ella, somos una masa de electrones, de bits y muchas otras pequeñas cosas, ¿Recuerdas?

Bien, la física cuántica declara que un "qubit" (bit cuántico) puede ser 1 y 0 al mismo tiempo y que por eso no puede ser duplicado en el sentido tradicional, solo puede ser transferido.

La revista "NATURE PHYSICS" ha publicado el 30 de enero de 2008, un experimento científico (aceptado entre los mejores científicos del mundo) donde el profesor Jian-Wei Pan y su equipo en Heidelberg (Alemania) junto a la Universidad de las Ciencias Tecnológicas en China y el Instituto Atómico de las universidades austriacas, demostraron que un bit cuántico (qubit) cargado de informaciones ha sido teletransportado de un lugar a otro.

Hay que destacar que el teletransportador cuántico es el medio de transporte usado para transferir un "estado cuántico" desconocido hacia una localidad lejana, sin obtener información alguna sobre su estado durante el proceso de transferencia.

Cuando se transporta un qubit el proceso es notable, debido a que los qubits emisor y receptor no están conectados físicamente en ninguna forma y no "saben" de la existencia uno del otro, pero gracias al fenómeno conocido como "Entrelazamiento", un qubit fotónico es capaz de asumir el "estado cuántico" del otro sin interactuar físicamente con él.

El experimento ha teletransportado el estado cuántico de un qubit fotónico a un qubit atómico situado a siete metros de distancia y conservado la información durante ocho microsegundos.

Es la primera vez que se consigue aunar la teletransportación y la memoria cuántica en un único experimento.

Los científicos transfirieron el estado cuántico desconocido de un qubit fotónico a la memoria cuántica vía teletransportación, almacenándolo en dos grupos de átomos de rubidio (el rubidio es un metal alcalino blando muy reactivo y es el segundo elemento alcalino más electropositivo; cada cúmulo de rubidio contiene cerca de un millón de átomos atrapados en una trampa magneto-óptica).

Así que el qubit fotónico teletransportado pudo almacenarse en la memoria y ser leído antes de que su estado cuántico se perdiese.

Entonces el qubit no solo puede ser teletransportado, sino también almacenado en una memoria... UAU UAU!!!

Entonces recapitulemos... no solo puedo recordar el pasado, ¿sino que también puedo teletransportarlo?

Mmm... No realmente, pero si consideramos que la memoria acude al campo del punto cero para cualquier cosa, podemos deducir que así como hago un viaje al pasado recordándolo, puedo acudir al mismo campo del punto cero para un viaje en el futuro.

Y eso gracias al hecho de que mi electrón se teletransporta, se impregna de informaciones y las transfiere en un cierto modo a mi cuerpo en el momento presente.

Con respecto a viajes en el tiempo todavía no existen experimentos, pero sí existen teorías como la muy famosa "Teoría Especial" de Albert Einstein como extensión de la Teoría General. En nuestra realidad todas las partículas viajan hacia el futuro, ya que el tiempo fluye siempre en la misma dirección, y el paso del tiempo solo es el movimiento hacia el futuro.

¿Cuántas veces te has visto en una situación y al poco tiempo la has vivido exactamente igual?

No quiero convencerte de que esto sea así, pero tus varios ejemplos y recuerdos te pueden ayudar a comprender que "SI" es factible.

"Estamos todos alineados a ver el pasado, pero también podemos alinearnos para ver el futuro, o recordarlo si así lo queremos"

¿Qué sucede cuando el pasado se cristaliza a partir del futuro?

De acuerdo a un nuevo modelo de universo que combina la relatividad con la mecánica cuántica la respuesta es "EL PRESENTE"

¿Cuál es entonces la diferencia entre pasado y futuro?

No mucha, si se toma en consideración el punto de vista puramente relativo del universo, según George Ellis de la Universidad de Ciudad del Cabo en Suráfrica y Tony Rothman de la Universidad de Princeton en Nueva Jersey.

Los diagramas estándar de un espacio-tiempo usados en la relatividad no tienen un estatus especial para el pasado, el presente o el futuro, y esto se debe a que asumen que los tres evolucionan a partir de una física local temporalmente reversible.

De hecho es posible representar tal universo utilizando un diagrama "espacio-temporal", en el cual el espacio y el tiempo se funden en una única entidad. "El universo es simplemente un bloque de espacio-tiempo fijo" dicen Ellis y Rothman

Desde esta perspectiva ningún instante tiene un estado especial, todos los momentos del pasado y del futuro son igualmente el PRESENTE, y el presente "AHORA" solo es un número infinito.

Todo esto quiere decir que si actúas en tu presente de manera responsable, puedes modificar tu pasado o los acontecimientos ocurridos en él, y al mismo tiempo actúas sobre tu futuro.

De esta forma las cosas ocurridas antes de tu presente se verán modificadas en tu futuro, rompiendo así la cadena de los eventos inesperados (no más multas, gastos inesperados, etc…)

Con respecto al famoso tren, podemos mirar hacia el futuro escogiendo y fijando el presente. Si lo observamos con nuestra imaginación (llamémosle así por comodidad), podemos fijar el evento en el "ahora", plasmándolo, viviéndolo y experimentándolo.

Llegado este punto del capítulo podemos cerrar citando Ho'oponopono para poder cortar definitivamente el cordón umbilical que nos ata al evento que nos perjudica.

Esta práctica significa literalmente "la acción de estar en equilibrio/alineamiento" y es el acto de vivir en armonía con todas las cosas, con todos los lugares y con todas las personas. A continuación te muestro 4 simples pasos que utilizan los conceptos de Ho'oponopono, pero para que sean eficaces se requiere acción, claridad y determinación.

Seguramente antes deberás llegar a la conclusión de desconectar o cortar el cordón umbilical con cualquier energía no deseada para ir adelante o iniciar un cambio.

La receta:

1) Corta el cordón umbilical entre tu energía y la de las personas, lugares o cosas no deseadas
2) Transmuta o rodea lo que estas desconectando, con una clara luz blanca
3) Recicla esta energía transmutada en un espacio etéreo o en el universo a tu alrededor. Será como vaciar un vaso de agua en el océano, donde se hará uno con el agua del mar
4) Rellena el receptor vacío de energía que acabas de crear cuando has cortado con esa energía. Cólmalo con sentimientos de plenitud, o cualquier otro sentimiento positivo que prefieras

Ahora recuerda: este cortar el cordón umbilical tiene que ver con el dejar ir, el perdonar, el rendirse y la transición hacia algo positivo.

A veces nos parece engañar al tiempo, a veces nos burlamos de él, y otras lo ignoramos.

En el fondo el tiempo no es otra cosa que una medida constante de nuestra vida con la que expresamos nuestra vejez o juventud.

Ido Boscolo

Anomalías

¿Has probado alguna vez la sensación de haber vivido ya una determinada experiencia, de haber visto un lugar o haber estado antes allí?

Años atrás, la psicología definía esta sensación como un síntoma de desorden mental asociado a la esquizofrenia y a la ansiedad. El psicólogo y filósofo francés Èmile Boirac (1851-1917) acuñó la palabra Déjà vu para definirlo. Personalmente me gusta llamarlo "Anomalía del multiverso".

DEFINICION DE DÉJÀ VU:
Palabra de origen francés, utilizada para describir la experiencia de sentir que se ha sido testigo o que ya se ha experimentado una situación nueva.

En los últimos años ha aumentado el interés de los científicos hacia este fenómeno, por lo que han emergido numerosas teorías sobre el origen del déjà vu.

El doctor Michio Kaku (físico teórico) conocido por su actividad de divulgación científica, afirma que existe la posibilidad de que el Déjà vu sea causado por nuestra capacidad de saltar entre un universo y otro.

Para profundizar su teoría, Kaku utiliza el trabajo desarrollado por el premio Nobel Steven Weinberg, que sostiene la idea del multiverso, donde existe un número infinito de realidades paralelas y que además conviven con nosotros en este cuarto o espacio donde estamos ahora.

Para darte un ejemplo en concreto: imagina que eres una radio dentro de este cuarto y que como cada radio que se respete, solo puedes sintonizarte en una frecuencia a la vez, aunque sabes que existen muchísimas radiofrecuencias simultáneamente.

Así, estamos sintonizados en una frecuencia que corresponde a esta realidad física.

Existe sin embargo un número infinito de realidades paralelas a nuestro alrededor, "transmitidas" a una frecuencia diferente de la nuestra y con las cuales no podemos sintonizar.

Mientras nuestra radio esta sintonizada en una sola frecuencia, nuestro universo está compuesto de "CUERDAS" vibrando cada una en su única frecuencia y que solo nuestros sentidos pueden percibir. Esto sería lo que nuestro cerebro descifra como déjà vu.

Los universos paralelos no están en fase, y por lo tanto no vibran en la misma frecuencia, pero si teóricamente estuvieran en fase, sería posible saltar entre un universo y otro.

Si esto ocurriera aunque fuera solo por una fracción de segundo, de hecho habríamos sintonizado nuestras antenas (sentidos) sobre otras frecuencias (universos) y experimentaríamos así una nueva situación.

Siempre según Kaku que estudia la matemática de la teoría de las cuerdas, el mundo tal como lo conocemos, no es completo.

Además de las cuatro dimensiones que conocemos (el tiempo más el espacio tridimensional), existirían otras seis dimensiones extra espaciales presentes en formas geométricas invisibles en cada punto singular del universo (en este punto quiero recordarte lo que has leído anteriormente en el capítulo del Deseo y Permiso).

Bien, si unificamos cuanto he escrito en todas las paginas anteriores, mi teoría es que existe una distorsión espacio-tiempo (distorsión confirmada por la NASA el 27 de febrero de 2013) que hace cruzar en un momento determinado dos universos, y nosotros como una radio sintonizada en una sola frecuencia, captamos y percibimos por un instante la "FASE" de estos dos universos.

Por lo tanto podemos definir este punto como "Anomalía del Multiverso".

Gráfico 1: Multiverso

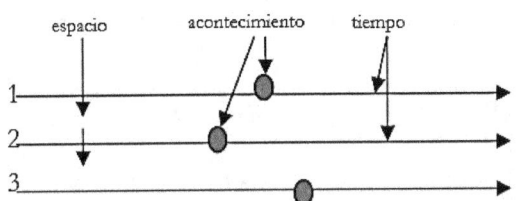

En el primer gráfico, podemos notar que los 3 puntos son los mismos acontecimientos que ocurren en tiempos distintos hipotéticos en tres universos paralelos; mientras que en el grafico siguiente, puedes notar que con el avanzar del tiempo, el segundo universo se intersecta por un momento con el primero, y sigue su curso en esta nueva posición

Gráfico 2: Anomalía del Multiverso

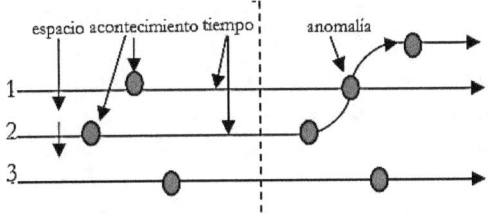

Para entendernos:

- En el primer universo el acontecimiento existe en este presente.

- En el segundo universo el acontecimiento idéntico al primero también está presente en el AHORA de este universo físico donde vives.

Pero estos dos universos no están en fase.

Cuando ocurre una distorsión espacio-tiempo (anomalía del multiverso) y los dos universos se cruzan en la misma línea temporal, se intercambia un evento a nivel espacial.

Así como figura en el segundo gráfico, el cruce de dos universos puede causar un déjà vu y hacerte "revivir" esta sensación de algo que ya has vivido.

Mi punto es que cuando estoy viviendo un déjà vu es posible que esté experimentando un salto cuántico a otro universo paralelo en FASE con el primero.

Creo que muchas personas como tú y yo, se preguntan si el déjà vu es realmente algo que ya hemos vivido.

La sensación de haber ya vivido fragmentos de experiencias, lugares o momentos es recurrente durante toda nuestra vida, y nos gusta llamarlos déjà vu por comodidad, y como tal aceptamos su presencia en nuestra vida.

Sin embargo ocurren cosas a las que a veces no podemos dar explicación lógica y por ese motivo nos resignamos y aceptamos lo que sucede como un simple hecho.

Personalmente me ocurre con frecuencia el tener estas sensaciones de haber vivido determinados acontecimientos que ya han ocurrido, y me gusta pensar que antes de "ahora", he vivido este evento porque así he trasmitido informaciones útiles a mi pasado, que es mi actual presente, aunque en él no estoy capacitado aun para descifrarlas.

Me gusta creer que en este momento, mientras estás leyendo este libro, estás haciendo tus conexiones para encontrar respuestas.

Por esta razón te invito a reflexionar cada vez que te ocurra algo parecido al déjà vu; sobre cómo es la sensación de vivir un momento en fase con otra realidad que está en sintonía con un acontecimiento que luego vivirás.

> *"La distorsión no es más que una visión distinta de lo que aún no puedes ver."*
>
> *Ido Boscolo*

Pasión: el amor visto desde dentro

A menudo hablo con mis amigos y con gente que me encuentro durante mi viaje de la vida, sobre lo que provoca este sentimiento en nosotros.

Para muchas personas "EL AMOR" es una cosa abstracta; otras miden su significado y lo llevan a su experiencia personal preguntándose si alguna vez serán capaces de amar, dando a esta palabra una escala de valores.

Un ejemplo clásico es: "Yo, en una escala del uno al diez, amo a esa persona un ocho, o, yo la amo, pero no puedo dar un diez a lo que estoy viviendo", o a un nivel más extremo: "como yo sueño el amor que quiero vivir o como me gustaría que fuera, nunca podrá existir".

Estas son sólo algunas de las muchas evaluaciones que tenemos y que podemos dar a esta palabra.

En este sentido, hace mucho tiempo tuve un encuentro muy agradable con un buen amigo, que me preguntó cómo estaba viviendo en ese momento "el amor con mi pareja".

Es una pregunta muy difícil de contestar, porque como he dicho antes una respuesta es muy subjetiva y personal, pero creo que esta pregunta merece una respuesta que va más allá del plano terrenal y que para formularla deberíamos darnos la oportunidad de volver a ese sentimiento ancestral que está en nuestro "yo" y que por lo menos una vez nos ha hecho soñar en la vida.

Considero el amor y todos los sentimientos que surgen de sus miles de facetas, una especie de emoción divina, capaz de sorprendernos cada vez que la probamos, porque como tal, siempre es diferente a causa de nuestras experiencias.

El amor no es en realidad una cosa concreta porque no es material, no se puede tocar ni ver, por lo que es difícil de aceptar como tal y para muchos podría ser solo una ilusión.

De hecho, esta emoción es inherente a nuestro YO, aquel "yo" que no sabemos que tenemos pero que sí sentimos existir en nosotros. "ES" y existe en nosotros.

El amor y sus emociones, despiertan precisamente este sueño del "YO" en uno de sus puntos más sensibles y activos de nuestra conciencia.

Visto desde la perspectiva del famoso filósofo Platón, vivimos el amor en una escala de emociones que van desde un mínimo de 1 a un máximo de 5.

Para Platón, el amor más grande se coloca en el número 5 de esta escala de valores solo en el momento del nacimiento, cuando venimos a este mundo, porque estamos en contacto con nuestro "yo" supremo.

El punto 5 se toca (virtualmente hablando), cuando experimentamos esta emoción olvidada, que tuvimos en ese momento.

El <u>nacimiento</u> o <u>renacimiento</u> es amor puro. Así que cuando amamos, renacemos de nuevo.

Al contrario de lo que se podría pensar, Platón sugiere que no nos sentimos de esta manera porque nos sentimos amados por los demás, sino porque en este estado del "ser" estamos nuevamente enamorándonos de nosotros mismos, ¡nos estamos amando!

Sí, nos amamos a nosotros mismos y nos vemos mejor, nos vemos radiantes y dispuestos a hacer cosas, nos sentimos alegres y armónicos con todo lo que nos rodea, todo parece vibrante y también las cosas que antes ignorábamos, ahora las vemos con otro tono de color.

El amor nos hace querer conocer más acerca de esta emoción a través de los demás, y en consecuencia proyectamos nuestro amor hacia la persona que en ese momento tenemos a nuestro lado.

Pues bien, según Platón, no estamos amando a la otra persona, sino sólo a nosotros mismos.

Es un retorno a las emociones más profundas e íntimas de nuestro yo, un retorno al vientre de nuestra madre, y ésta emoción a su vez es una sensación de protección que tiene en sí misma una fuerza que nadie puede demoler o socavar, porque es nuestra y nadie más que nosotros la puede sentir, si no probándola en primera persona.

Bueno, si piensas que todo esto tiene sentido, podemos continuar juntos en lo que creo es el amor.

El amor es la emoción más pura que podemos experimentar, ya que no pasa por nuestro cerebro y por lo tanto no se filtra como siempre sucede con otras cosas y emociones.

Justo porque no se filtra, permanece pura en su esencia, porque no es tangible; sólo se puede sentir. Permanece pura hasta el momento en que probamos por su causa, una emoción traumática; ¡ya sea positiva o no!

De hecho cuando das amor, lo das con todo tu ser, no amamos a medida y no amamos a mitad.

Ese día le dije a mi amigo que cuando amo, lo hago con todo mi ser, sin reservas y sin querer ser amado, amo sin pensar en lo que puedo conseguir,

amo con respeto, amo de manera desinteresada...
amo y ya está, porque si amo, me amo a mí mismo
sin medias tintas.

Lo que nos hace dar puntos de valor al amor es
nuestro cerebro, que combina las experiencias
vividas directamente o indirectamente a través de la
sociedad donde vivimos.

El amor llega cuando tenemos completa libertad
de opinión, expresión, comprensión y compasión
por los demás, y no es casualidad que el amor se
vive inicialmente con total libertad, sin la ansiedad
o el miedo por lo que podría pasar después.

Sólo en una relación duradera, con el tiempo se
pueden desencadenar mecanismos que influyen en
esta emoción; pero recuerda: en el estado inicial el
amor es puro.

Ahora bien, si seguimos por este camino y
consideramos por un momento que la física
cuántica ha demostrado que somos energía pura y
que cuando amamos estamos perfectamente en
contacto con esta energía, podemos decir que la
energía que sentimos es nuestro amor.

Recuerda que estamos formados de electrones,
y que todo lo que nos rodea tiene y es energía.

Por lo tanto, los electrones que están presentes en el universo están presentes también en nuestro cuerpo físico formando así parte integral de un conjunto universal con el todo.

Con esta base se podría ir aún más en profundidad, suponiendo desde el punto de vista cuántico, que si tanto mi YO como la persona que amo formamos parte de este universo, no siento sus emociones, sino las mías que se reflejan en ella.

Para dar un ejemplo práctico intenta imaginar dos diapasones que se utilizan para afinar un instrumento musical; imagina que los pones uno al lado del otro y mantienes uno de ellos inmóvil mientras que al otro lo haces vibrar.

Lo que ocurrirá es que, como por arte de magia, se transferirá el estado vibratorio al diapasón que mantienes inmóvil.

Con este ejemplo sólo quiero hacerte notar que incluso si hay un impulso inicial de uno de los dos diapasones, los instrumentos vibrarán en la misma frecuencia por si mismos, pero no por causa y efectos del otro, sino por la transferencia de su estado.

En este punto viene la parte más difícil de la que es mi opinión sobre el amor, por eso intentare ser lo más simple posible.

Al entrar en profundidad en este tema, entraremos en una realidad no física, utilizando nuestra imaginación por un momento.

Pensemos por un momento que si soy un electrón, y tú también, podemos decir que estamos conectados de una determinada manera y por lo tanto también podemos entrar en resonancia recíproca, sí tú y yo nos encontramos

Ahora, imagina por un momento que todos somos uno, como si fuéramos una manzana (o un solo electrón gigante) que en una determinada etapa de su vida, se ve cortada en dos, dividida y arrojada a los límites exteriores de un remolino, como es el universo.

Sabemos que esta parte de la manzana que se dividió siempre está compuesta de electrones en su estado más simple, e incluso si está separada del resto de su totalidad, seguirá siendo energía.

Ahora, imagina que estas en uno de los extremos del universo y que yo estoy en el otro, pero que los dos estamos dentro de un gran vórtice universal, que tiene la característica de atraer hacia sus vientre cualquier tipo de objeto presente en sus extremos, y que nos hace confluir por medio de su fuerza centrífuga también a nosotros.

Recuerda que tú eres energía, y que la energía atrae más energía, bien sea positiva o negativa.

Como electrones tenemos tendencia a atraer otros electrones, y tarde o temprano puede ocurrir que en el vientre de ese vórtice, tú y yo entremos nuevamente en contacto, haciendo ocurrir así una fusión.

Este es el punto donde ocurre lo que yo defino como la "magia del amor": el reencuentro entre dos electrones que componen la totalidad de ellos. "EL UNO".

Así es como ocurre de manera muy elemental la magia de la unión entre dos personas a nivel subatómico, explicado por la física cuántica.

Si ahora tomamos como verdadero cuanto acabas de leer, ¿cómo podemos vivir un amor infinito o incluso una simple amistad?

Por experiencia, sabemos que nada en este mundo es infinito, sabemos que todo tiende a deshacerse. Tarde o temprano, el ciclo de la vida comienza de nuevo y empieza desde cero, pero la energía que está en nosotros es realmente infinita. Sabemos que sólo nuestra vida terrenal tiene un tiempo limitado.

Si piensas así, entonces todo es un ciclo continuo; por lo tanto, en esta vida o en otra, tarde o temprano te re-encontrarás con la mitad de tu manzana. Tanto si ya la has encontrado como si sigues en la búsqueda, solo me queda una sugerencia para hacerte.

"Tanto si estás solo como si estás con tu otra mitad de la manzana, nunca dejes de amarte. Si no te amas nunca amarás a nadie, y nunca encontrarás a quien ame el ser maravilloso que eres".

Personalmente, cuando necesito amor y quiero sentirme bien, no busco amor fuera de mi mismo.

Lo que hago es buscar mi amor dentro de mí.

Me pongo frente al espejo y me miro a los ojos, me leo dentro intentando sintonizar conmigo mismo, así puedo ver la bella persona que soy.

Noto el amor que tengo por regalar a quien me rodea, me escucho y me sintonizo con mi propia vibración.

Otras veces lleno la bañera y me sumerjo en ella, emulando la sensación que mi "YO" recuerda cuando estaba en el vientre de mi madre, sintiendo así que mi amor empieza a florecer otra vez.

De esta forma recuerdo quién soy, y me realineo con mi ser más puro, ese que me da amor y que jamás me traiciona, porque por cómo estamos hechos, nunca nos traicionamos a nosotros mismos.

Tu "YO" nunca te abandona, y nunca te dejaría.

El amor que está en nosotros es infinito, no se puede medir, por poco que tú lo consideres.

Cada cosa a partir de ti, la vives con pasión.

Un maestro y doctor que también es monje tibetano, dijo: "El amor sin compasión es un amor ego-sistémico".

Cuando amas a una persona sin dudas, lo haces con pasión. Sin pasión, con el tiempo te vuelves celoso porque quieres que esa persona solo te pertenezca a ti, y a nadie más.

Tanto si lo haces conscientemente o no, convertirás a esa persona en alguien "no libre", tanto en el expresarse como en su vida, y a su vez esta persona hará lo mismo contigo.

Si comprendes este mecanismo, podrás elegir vivir tu vida de manera libre y feliz, y al mismo tiempo harás que la vida de los demás sea igual a la tuya. Si no piensas así, continuarás impertérrito en tu continuo cambiar, porque te sentirás otra vez atrapado.

Mi receta para vivir bien y en armonía el amor o la amistad:

1) Ámate a ti mismo... SIEMPRE!
2) Ama a quien te rodea, sin límites ni reglas
3) Date sin esperar nada a cambio (así no te decepcionarás cuando no te llega lo que esperas)
4) No tengas miedo de no ser amado, porque quien te rodea te ama por el amor que tú tienes, no por lo que das
5) Nunca dejes de demostrártelo; si lo haces, quien te rodea dejará de vibrar como tú, y se alineará a tu frecuencia, sea cual sea
6) No busques en los demás el amor que necesitas: ya tienes el tuyo
7) Naciste solo, y quien te rodea solo te acompaña en el camino de tu vida, así que ámate cada día de manera incondicional. Ayudarás a 'los demás a hacer lo mismo, quedándote a su lado así como lo hacen contigo

"Si no tienes pasión no puedes amar en modo libre; libérate y siéntete así. Una vez libre, tendrás pasión por cada cosa."

Ido Boscolo

Paradoja de Einstein-Podolsky-Rosen

En el ejemplar del 15 de Mayo de 1935 de Physical Review, Albert Einstein apareció como coautor de un artículo con sus dos investigadores de postdoctorado asociados en el Instituto de Estudios Avanzados, Boris Podolsky y Nathan Rosen.

El artículo se titulaba "Can Quantum Mechanical Description of Physical Reality Be Considered Complete?" (¿"Puede considerarse completa la descripción de la realidad física que da la Mecánica Cuántica"?). Conocida generalmente como "EPR", este artículo se convirtió rápidamente en una pieza central del debate sobre la interpretación de la Teoría Cuántica, un debate que continua hoy.

La paradoja de Einstein-Podolsky-Rosen, denominada «Paradoja EPR», consiste en un experimento mental propuesto por Albert Einstein, Boris Podolsky y Nathan Rosen en 1935.
El experimento planteado por EPR consiste en dos partículas que interactuaron en el pasado y que quedan en un estado entrelazado.

Dos observadores reciben cada una de las partículas.

Si un observador mide el momento de una de ellas, sabe cuál es el momento de la otra. Si mide la posición, gracias al entrelazamiento cuántico y al principio de incertidumbre, puede saber la posición de la otra partícula de forma instantánea, lo que contradice el sentido común.

La paradoja EPR está en contradicción con la teoría de la relatividad, ya que aparentemente se transmite información de forma instantánea entre las dos partículas.

De acuerdo a EPR, esta teoría predice un fenómeno (el de la acción a distancia instantánea) pero no permite hacer predicciones deterministas sobre él; por lo tanto, la mecánica cuántica es una teoría incompleta.

Esta paradoja critica dos conceptos cruciales: la no localidad de la mecánica cuántica (es decir, la posibilidad de acción a distancia) y el problema de la medición.

En la física clásica, medir un sistema, es poner de manifiesto propiedades que se encontraban presentes en el mismo, es decir, que es una operación determinista.

En mecánica cuántica, constituye un error asumir esto último.

El sistema va a cambiar de forma incontrolable durante el proceso de medición, y solamente podemos calcular las probabilidades de obtener un resultado u otro.

Propuesta experimental: las desigualdades de Bell.

Hasta el año 1964, este debate perteneció al dominio de la filosofía de la ciencia. En ese momento, John Bell propuso una forma matemática para poder verificar la paradoja EPR.

Bell logró deducir unas desigualdades asumiendo que el proceso de medición en mecánica cuántica obedece a leyes deterministas, y asumiendo también localidad, es decir, teniendo en cuenta las críticas de EPR.

Si Einstein tenía razón, las desigualdades de Bell son ciertas y la teoría cuántica es incompleta. Si la teoría cuántica es completa, estas desigualdades serán violadas.

Desde 1976 en adelante, se han llevado a cabo numerosos experimentos y absolutamente todos ellos han arrojado como resultado una violación de las desigualdades de Bell.

Esto implica un triunfo para la teoría cuántica, que hasta ahora ha demostrado un grado altísimo de precisión en la descripción del mundo subatómico, incluso a pesar de sus consabidas predicciones reñidas con el sentido común y la experiencia cotidiana.

En la actualidad, se han realizado numerosos experimentos basados en esta paradoja y popularizados en ocasiones bajo el nombre de teletransporte cuántico. Este nombre llama a engaño, ya que el efecto producido no es un teletransporte de partículas al estilo de la ciencia ficción sino la transmisión de información del estado cuántico entre partículas entrelazadas

La comprensión de esta paradoja ha permitido profundizar en la interpretación de algunos de los aspectos menos intuitivos de la mecánica cuántica.

(Fuente: http://es.wikipedia.org/wiki/Paradoja_EPR)

Puente de Einstein-Rosen

En física el puente de Einstein-Rosen, también es conocido como "agujero de gusano" o "wormhole", y es una hipotética característica topológica de un espacio-tiempo, descrita por las ecuaciones de la relatividad general, la cual es esencialmente un «atajo» a través del espacio y el tiempo.

Un agujero de gusano tiene por lo menos dos extremos, conectados a una única «garganta», pudiendo la materia "desplazarse" de un extremo a otro pasando a través de ésta. Hasta la fecha no se ha encontrado ninguna evidencia de que el espacio-tiempo conocido contenga estructuras de este tipo, por lo que en la actualidad son sólo una posibilidad teórica.

Cuando una súper-gigante roja explota, arroja materia hacia el exterior por lo que acaba teniendo un tamaño inferior y acaba convertida en una estrella de neutrones.

Pero también puede suceder que se comprima tanto que absorba su energía hacia dentro y desaparezca dejando un agujero negro en el lugar que ocupaba.

Este agujero tiene una gravedad tan grande que ni siquiera la radiación electromagnética puede escapar de su interior. El agujero está rodeado por una frontera esférica, llamada horizonte de sucesos.

La luz traspasa esta frontera para entrar, pero no puede salir, por lo que el agujero visto desde grandes distancias debería ser completamente negro (aunque Stephen Hawking postuló que ciertos efectos cuánticos generarían la llamada radiación Hawking). Dentro del agujero los astrofísicos conjeturan que se forma una especie de cono sin fondo.

El primer científico en advertir de la existencia de agujeros de gusano fue Ludwig Flamm en 1916. En este sentido la hipótesis del agujero de gusano es una actualización de la decimonónica teoría de una cuarta dimensión espacial que suponía -por ejemplo-, dado un cuerpo toroidal en el que se podían encontrar las tres dimensiones espaciales comúnmente perceptibles, una cuarta dimensión espacial que abreviara las distancias, y así los tiempos de viaje.

Esta noción inicial fue plasmada más científicamente en 1921 por el matemático Hermann Weyl en conexión con sus análisis de la masa en términos de la energía de un campo electromagnético a partir de la teoría relativista de Albert Einstein publicada en 1916.

En la actualidad la teoría de cuerdas admite la existencia de más de 3 dimensiones espaciales, pero las otras dimensiones espaciales estarían contractadas o compactadas a escalas subatómicas por lo cual parece difícil aprovechar tales dimensiones espaciales «extras» para viajes en el espacio y en el tiempo.

Agujeros de gusano de Schwarzschild

Los agujeros de gusano de Lorentz, conocidos como agujeros de gusano de Schwarzschild, o puentes de Einstein-Rosen, son nexos que unen áreas de espacio que puede ser modeladas como soluciones de vacío en las ecuaciones de campo de Einstein, por unión de un modelo de un agujero negro y un modelo de un agujero blanco. Esta solución fue hallada por Albert Einstein y su colega Nathan Rosen, que publicó primero el resultado en 1935. Sin embargo, en 1962, John A. Wheeler y Robert W. Fuller publicaron un artículo demostrando que este tipo de agujero de gusano es inestable, y se desintegraría instantáneamente tan pronto como se formase.

Antes de que los problemas de estabilidad de los agujeros de gusano de Schwarzschild se hiciesen evidentes, se propuso que los quásares podían ser agujeros blancos, formando así las zonas terminales de los agujeros de gusano de este tipo, sin embargo investigaciones más recientes descartan a los quásares como equiparables a los agujeros blancos.

Mientras los agujeros de gusano de Schwarzschild no sean atravesados, su existencia inspiró a Kip Thorne a imaginar agujeros de gusano atravesados creados por la sujeción de la «garganta» de un agujero de gusano de Schwarzschild abierto con materia exótica (materia que tiene masa/energía negativa).

Agujeros de gusano practicables

Imagen de un agujero de gusano practicable (que se puede atravesar) que conectaría el área frente al instituto de física de la Universidad de Tubinga con las dunas cerca de Boulogne sur Mer en el norte de Francia.

La imagen ha sido recreada mediante un software de trazado de rayos en 4D en una métrica de Morris-Thorne, aunque los efectos gravitatorios sobre la longitud de onda no se han simulado.

Los agujeros de gusano atravesables de Lorentz permitirían viajar de una parte del Universo a otra de ese mismo Universo muy deprisa o permitirían el viaje de un Universo a otro.

Los agujeros de gusano conectan dos puntos del espacio-tiempo, lo cual quiere decir que permitirían el viaje en el tiempo así como también en espacio.

La posibilidad de agujeros de gusano atravesados en la relatividad general fue primero demostrada por Kip S. Thorne y su graduado Mike Morris en un artículo publicado en 1988.

El tipo de agujero de gusano atravesado que ellos descubrieron, se mantenía abierto por una especie de concha esférica de materia exótica, denominado como agujero de gusano de Morris-Thorne.

Posteriormente se han descubierto otros tipos de agujeros de gusano atravesados como posibles soluciones en la relatividad general, como un tipo de agujero que se mantiene abierto por cuerdas cósmicas, el cual ya fue predicho por Matt Visser en un artículo publicado en 1989.

(Fuente: http://es.wikipedia.org/wiki/Agujero_de_gusano)

Energía del punto cero
(Campo del punto cero)

La energía del punto cero es en física la energía más baja que un sistema físico mecano-cuántico puede poseer, y es la energía del estado fundamental del sistema.

El concepto de la energía del punto cero fue propuesto por Albert Einstein y Otto Stern en 1913, y fue llamada en un principio "energía residual". La expresión es una traducción del alemán Nullpunktsenergie.

Todos los sistemas mecano-cuánticos tienen energía de punto cero.

La expresión surge como referencia al estado base del Oscilador armónico cuántico y sus oscilaciones nulas.

En la teoría de campos cuánticos, es un sinónimo de la energía del vacío o de la energía oscura, una cantidad de energía que se asocia con la vacuidad del espacio vacío.

En cosmología, la energía del vacío es tomada como la base para la constante cosmológica. A nivel experimental, la energía del punto cero genera el efecto Casimir, y es directamente observable en dispositivos nanométricos.

Debido a que la energía del punto cero es la energía más baja que un sistema puede tener, no puede ser eliminada de dicho sistema.

Un término relacionado es el campo del punto cero que es el estado de energía más bajo para un campo, su estado base, que no es cero.

Pese a la definición, el concepto de energía del punto cero y la posibilidad de extraer "energía gratuita" del vacío han atraído la atención de inventores independientes.

La idea de la energía del punto cero está presente en diferentes situaciones, y es importante distinguirlas, y notar que hay muchos conceptos muy relacionados.

En mecánica cuántica ordinaria, la energía del punto cero es la energía asociada con el estado fundamental del sistema.

El más famoso ejemplo de este tipo es la energía asociada con el estado fundamental del oscilador armónico cuántico.

$$\epsilon = \frac{h\nu}{2}$$

Más exactamente, la energía del punto cero es el valor esperado del Hamiltoniano del sistema.

En teoría cuántica de campos, el tejido del espacio se visualiza como si estuviera compuesto de campos, con el campo en cada punto del espacio-tiempo siendo un oscilador armónico simple cuantizado, que interactúa con los osciladores vecinos.

En este caso, cada uno tiene una contribución de cada punto del espacio, resultando en una energía del punto cero técnicamente infinita.

La energía de punto cero es de nuevo el valor esperado del Hamiltoniano; aquí, sin embargo, la frase valor esperado del vacío es más comúnmente utilizada, y la energía es bautizada como energía del vacío.

Evidencia experimental

La evidencia experimental más simple de la existencia de la energía del punto cero en la teoría cuántica de campos es el Efecto Casimir.

Este efecto fue propuesto en 1948 por el físico holandés Hendrik B. G. Casimir, quien analizó el campo electromagnético cuantizado entre dos placas metálicas paralelas sin carga eléctrica.

Una pequeña fuerza puede medirse entre las placas, que es directamente atribuible a un cambio en la energía del punto cero del campo electromagnético entre las placas.

Aunque el efecto Casimir al principio fue difícil de medir, porque sus efectos pueden verse únicamente a distancias muy pequeñas, el efecto es muy importante en nanotecnología.

No sólo es el efecto Casimir fácilmente medido en dispositivos nanotecnológicos especialmente diseñados, sino que se debe tener en cuenta cada vez más en el diseño y en el proceso de manufactura de los mismos.

Puede ejercer fuerzas significativas y tensiones sobre los dispositivos nanotecnológicos, causando que se doblen, tuerzan, o incluso que se rompan.

Otras evidencias experimentales incluyen la emisión espontánea de luz (fotones) por átomos y núcleos, el efecto Lamb de las posiciones de los niveles de energía de los átomos, los valores anómalos de la tasa giromagnética del electrón, etc.

(Fuente:
http://es.wikipedia.org/wiki/Energ%C3%ADa_del_punto_cero)

Ho'oponopono

Ho'oponopono (ho-o-pono-pono) es un antiguo método de sanación hawaiana basada en la reconciliación y el perdón.

Existen otras prácticas de perdón similares en islas de Oceanía como Samoa, Tahití y Nueva Zelanda.

Tradicionalmente, el ho'oponopono es practicado por sacerdotes de curación o "kahuna au" entre los miembros de la familia de una persona que está físicamente enferma.

Las versiones modernas se llevan a cabo dentro de la familia por el miembro de más edad, o por el propio individuo.

La persona que aplica el Ho'oponopono, debe repetir ciertas palabras "mágicas" ante cualquier suceso o circunstancia que lo amerite como un mantra, invocando a su divinidad interior.

Las palabras/frases más sanadoras y utilizadas en esta técnica son "Perdóname", "Lo Siento", "Te amo" y "Gracias".

La repetición de las mismas, en el orden que sea, produce efectos reparadores, tranquilizantes y curativos.

(Fuente: http://es.wikipedia.org/wiki/Ho%CA%BBoponopono)

Biografías:

Albert Einstein

(Ulm, Alemania, 14 de marzo de 1879-Princeton, Estados Unidos, 18 de abril de 1955) fue un físico alemán de origen judío, nacionalizado después suizo y estadounidense.

Es considerado como el científico más importante del siglo XX.

En 1905, cuando era un joven físico desconocido, empleado en la Oficina de Patentes de Berna, publicó su teoría de la relatividad especial.

En ella incorporó, en un marco teórico simple fundamentado en postulados físicos sencillos, conceptos y fenómenos estudiados antes por Henri Poincaré y por Hendrik Lorentz.

Como una consecuencia lógica de esta teoría, dedujo la ecuación de la física más conocida a nivel popular: la equivalencia masa-energía, $E=mc^2$.

Ese año publicó otros trabajos que sentarían bases para la física estadística y la mecánica cuántica.

En 1915 presentó la teoría de la relatividad general, en la que reformuló por completo el concepto de gravedad.

Una de las consecuencias fue el surgimiento del estudio científico del origen y la evolución del

Universo por la rama de la física denominada cosmología.

En 1919, cuando las observaciones británicas de un eclipse solar confirmaron sus predicciones acerca de la curvatura de la luz, fue idolatrado por la prensa.

Einstein se convirtió en un icono popular de la ciencia mundialmente famoso, un privilegio al alcance de muy pocos científicos.

Por sus explicaciones sobre el efecto fotoeléctrico y sus numerosas contribuciones a la física teórica, en 1921 obtuvo el Premio Nobel de Física y no por la Teoría de la Relatividad, pues el científico a quien se encomendó la tarea de evaluarla, no la entendió, y temieron correr el riesgo de que luego se demostrase errónea.

En esa época era aún considerada un tanto controvertida.

Ante el ascenso del nazismo, el científico abandonó Alemania hacia diciembre de 1932 con destino a Estados Unidos, donde impartió docencia en el Instituto de Estudios Avanzados de Princeton. Se nacionalizó estadounidense en 1940.

Durante sus últimos años trabajó por integrar en una misma teoría la fuerza gravitatoria y la electromagnética.

Aunque es considerado por algunos como el «padre de la bomba atómica», abogó por el federalismo mundial, el internacionalismo, el pacifismo, el sionismo y el socialismo democrático, con una fuerte devoción por la libertad individual y la libertad de expresión. Fue proclamado como el «personaje del siglo XX» y el más preeminente científico por la revista Time.

(Fuente: http://es.wikipedia.org/wiki/Albert_Einstein)

Borís Yákovlevich Podolsky

Nació en una familia judía en el año 1896, en Taganrog, Rusia, y murió en el año 1966 en los Estados Unidos.

Fue un Físico destacado que trabajó con Albert Einstein y Nathan Rosen en la concepción de la Paradoja EPR, que generó un intenso debate en relación a la Interpretaciones de la Mecánica cuántica.

En el año 1933 Podolsky y Lev Landáu concibieron la idea de escribir un texto sobre electromagnetismo comenzando con la Teoría de la Relatividad Especial y enfatizando postulados teóricos más que leyes experimentales.

Este proyecto no llegó a ser fructífero debido a la emigración de Podolsky de la Unión Soviética, pero en las manos de Lev Davídovich Landau y Evgeny Lifshitz, el esbozo que ellos habían producido vio la luz como La Teoría Clásica de Campos (1951).

En las manos de Podolsky y K. Kunz, el mismo esbozo llegó elaborarse y conocerse como Los Fundamentos de Electrodinámica (1969).

(Fuente: http://es.wikipedia.org/wiki/Boris_Podolsky)

Nathan Rosen

(22 de marzo de 1909, Brooklyn, Nueva York - 18 de diciembre de 1995) fue un físico israelí.

Rosen fue el co-autor (con Albert Einstein y Boris Podolsky) de un artículo de comprobaciones de Physical Review de 1935 ("¿Puede la descripción Mecano cuántica de la realidad física considerarse completa?") sobre la paradoja EPR en mecánicos del quantum. Asimismo fue también co-descubridor del puente de Einstein-Rosen en relatividad general.

Rosen fue fundador del instituto de la física en el Technion en Haifa, Israel, donde hay series de la conferencia nombradas para él.

(Fuente: http://es.wikipedia.org/wiki/Nathan_Rosen)

Stephen William Hawking

(Oxford, 8 de enero de 1942) es un físico teórico, cosmólogo y divulgador científico británico.

Sus trabajos más importantes hasta la fecha han consistido en aportar, junto con Roger Penrose, teoremas respecto a las singularidades espaciotemporales en el marco de la relatividad general, y la predicción teórica de que los agujeros negros emitirían radiación, lo que se conoce hoy en día como radiación de Hawking (o a veces radiación Bekenstein-Hawking).

Es miembro de la Real Sociedad de Londres, de la Academia Pontificia de las Ciencias y de la Academia Nacional de Ciencias de Estados Unidos.

Fue titular de la Cátedra Lucasiana de Matemáticas (Lucasian Chair of Mathematics) de la Universidad de Cambridge desde 1979 hasta su jubilación en 2009.

Entre las numerosas distinciones que le han sido concedidas, Hawking ha sido honrado con doce doctorados honoris causa y ha sido galardonado con la Orden del Imperio Británico (grado CBE) en 1982, con el Premio Príncipe de Asturias de la Concordia en 1989, con la Medalla Copley en 2006 y con la Medalla de la Libertad en 2009.

Hawking padece una enfermedad moto neuronal relacionada con la esclerosis lateral amiotrófica (ELA) que ha ido agravando su estado con el paso de los años, hasta dejarlo casi completamente paralizado, y lo ha forzado a comunicarse a través de un aparato generador de voz.

Por su parte, ha alcanzado éxitos de ventas con sus trabajos divulgativos sobre Ciencia, en los que discute sobre sus propias teorías y la cosmología en general; estos incluyen A Brief History of Time, que estuvo en la lista de best-sellers del The Sunday Times británico durante 237 semanas.

Según Stephen Hawking, en los agujeros negros se viola el segundo principio de la termodinámica, lo que dio pie a especulaciones sobre viajes en el espacio-tiempo y agujeros de gusano.

Hawking ha trabajado en las leyes básicas que gobiernan el universo. Junto con Roger Penrose mostró que la Teoría General de la Relatividad de Einstein implica que el espacio y el tiempo han de tener un principio en el Big Bang y un final dentro de agujeros negros.

Semejantes resultados señalan la necesidad de unificar la Relatividad General con la Teoría Cuántica, el otro gran desarrollo científico de la primera mitad del siglo XX.

Una consecuencia de tal unificación que él descubrió era que los agujeros negros no eran totalmente negros, sino que podían emitir radiación y eventualmente evaporarse y desaparecer.

Otra conjetura es que el universo no tiene bordes o límites en el tiempo imaginario.

Esto implicaría que el modo en que el universo empezó queda completamente determinado por las leyes de la ciencia.

En el 1975 trabaja con Brandon Carter, Werner Israel y D. Robinson fue un espaldarazo para el teorema de no pelo de John Archibald Wheeler, que postula que todo agujero negro se describe completamente con sus propiedades de masa, momento angular y carga eléctrica.

Luego de analizar emisiones de rayos gamma, Hawking sugirió que después del Big Bang se formaron diminutos agujeros negros primitivos. Junto con Bardeen y Carter, propuso las cuatro leyes de la termodinámica de los agujeros negros, trazando una analogía con la termodinámica.

En 1974, calculó que los agujeros negros debían de crear y emitir térmicamente partículas subatómicas, lo que actualmente se conoce como radiación de Hawking, hasta que gastan su energía y se evaporan.

Hawking desarrolló en colaboración con James Hartle un modelo topológico en el que el universo no tenía fronteras en el espacio-tiempo, reemplazando la singularidad inicial de los modelos clásicos del Big Bang por una región similar, el Polo Norte: no se puede viajar al norte del Polo Norte al no haber un límite.

Aunque en un principio la propuesta sin fronteras predecía un universo cerrado, los debates con Neil Turok le hicieron darse cuenta de que la ausencia de fronteras es consistente con un universo no cerrado.

En 2006, junto con Thomas Hertog de la CERN, Hawking propuso una teoría basada en la top-down cosmology, según la cual el universo no tenía un único estado inicial, y que de ahí, los físicos no deben pretender formular una teoría que explique la configuración actual del universo en base a un estado inicial en concreto.

(Fuente: http://es.wikipedia.org/wiki/Stephen_William_Hawking)

Michio Kaku

(24 de enero de 1947 en San José, California, Estados Unidos), es un físico teórico estadounidense, especialista muy destacado de la String Field Theory, una rama de la teoría de cuerdas.

Además es futurólogo, divulgador científico, anfitrión de dos programas de radio, aparece frecuentemente en programas televisivos sobre física y ciencia en general y es autor de varios best-seller.

Kaku en su hogar fue educado en las enseñanzas del budismo, mientras que en la escuela recibió enseñanza cristiana. El propio Kaku lo ha señalado como un factor de interés a la hora de entender sus opiniones: en el budismo, el universo no tiene ni principio ni fin, mientras que en el cristianismo el universo es lineal, y tiene un principio y un fin.

En sus teorías trata de buscar la síntesis de ambas antinomias.

Estudió en la escuela Cubberly High School donde formó parte del equipo de ajedrez en Palo Alto durante los primeros años de la década de 60.

En la feria nacional de ciencias en Albuquerque, Nuevo México, Michio llamó la atención del físico Edward Teller, quien tomó a Kaku como su protegido, y lo premió con la beca Hertz Engineering Scholarship.[1]

Apadrinado por Edward Teller, que le ofreció la beca Hertz Engineering, Kaku se formó en la Universidad Harvard, donde recibió un Bachelor of Science Cum laude en 1968, donde acabó como mejor alumno en física.

Después, fue al Lawrence Berkeley National Laboratory en la Universidad de California, Berkeley, donde recibió el doctorado en Física en 1972. En 1973, trabajó como lectureship en la Universidad de Princeton.

Desde hace casi treinta años ocupa la cátedra Henry Semat de Física Teórica en la Universidad de Nueva York y es uno de los divulgadores científicos más conocidos del mundo.

Es autor además de decenas de artículos y de varios libros, algunos de ellos traducidos al castellano: La energía nuclear (1986), Visiones (1998), Hiperespacio (2001), El universo de Einstein (2005), Universos paralelos (2008) o Física del Futuro (2011).

(Fuente: http://es.wikipedia.org/wiki/Michio_Kaku)

Steven Weinberg

(New York, 3 mayo 1933) es un físico estadounidense.

Ganó en 1979 el Premio Nobel de Física junto con Abdus Salam y Sheldon Lee Glashow por combinar el electromagnetismo y la fuerza nuclear débil en el Modelo electrodébil.

Weinberg se graduó del prestigioso instituto público Bronx High School of Science en 1950 y recibió su licenciatura por la Universidad de Cornell en 1954. Se doctoró en física por la Universidad de Princeton en 1957, estudiando bajo la dirección de Sam Treiman.

En 2007 trabaja como profesor de física y astronomía para la Universidad de Texas en Austin, donde goza del privilegio de ser el profesor mejor pagado.

En 2002, Weinberg recibió un doctorado honorario del Bates College.

En su obra Los tres primeros minutos del universo formula, entre otras cosas, una importante objeción a la teoría del Big Bounce. Según Weinberg, de ser cierta esta teoría, ahora tendría que haber una cantidad de luz infinita y, por tanto, no existiría la "oscuridad de la noche".

Weinberg es un enconado defensor del materialismo científico duro, alineado junto a personajes como Richard Dawkins en su ataque frontal al relativismo cultural y el constructivismo.

(Fuente: http://es.wikipedia.org/wiki/Steven_Weinberg)

Platon

(Atenas o Egina, ca. 427-347 a. C.) fue un filósofo griego seguidor de Sócrates y maestro de Aristóteles.

En 387 fundó la Academia, institución que continuaría su marcha a lo largo de más de novecientos años y a la que Aristóteles acudiría desde Estagira a estudiar filosofía alrededor del 367, compartiendo, de este modo, unos veinte años de amistad y trabajo con su maestro.

Platón participó activamente en la enseñanza de la Academia y escribió, siempre en forma de diálogo, sobre los más diversos temas, tales como filosofía política, ética, psicología, antropología filosófica, epistemología, gnoseología, metafísica, cosmogonía, cosmología, filosofía del lenguaje y filosofía de la educación; intentó también plasmar en un Estado real su original teoría política, razón por la cual viajó dos veces a Siracusa, Sicilia, con intenciones de poner en práctica allí su proyecto, pero fracasó en ambas ocasiones y logró escapar penosamente y corriendo peligro su vida debido a las persecuciones que sufrió por parte de sus opositores.

Su influencia como autor y sistematizador ha sido incalculable en toda la historia de la filosofía, de la que se ha dicho con frecuencia que alcanzó identidad como disciplina gracias a sus trabajos

Respecto a la influencia histórica de Platón no es difícil exagerar sus logros. El trabajo platónico siembra las semillas de la filosofía, política, psicología, ética, estética o epistemología.

Al abarcar esta materia hay que considerar también a su alumno, Aristóteles, que postula los inicios de la lógica y la ciencia moderna.

La teoría política de Cicerón tiene a Platón como referencia.

Sin embargo, pese a que su influencia sea enorme no por ello ha sido considerada siempre positiva.

Karl Popper criticaba a Platón por ser el precursor ideológico de los totalitarismos. Pero, definitivamente, odiado o amado, Platón es hasta la fecha un punto de partida para las ciencias y la filosofía de las ciencias.

Igualmente, es quizás el primero en defender la igualdad entre los sexos, a diferencia de su discípulo Aristóteles.

En la filosofía es Platón referencia para el racionalismo y el idealismo.

(Fuente: http://es.wikipedia.org/wiki/Platon)

Èmile Boirac

(Guelma, (Argelia), 26 de agosto de 1851 - Dijón, 20 de septiembre de 1917) fue un filósofo y psíquico francés, impulsor del idioma esperanto.

Fue nombrado en 1898 rector de la Universidad de Grenoble y en (1902) de la de Dijón.

Fue un notable difusor del esperanto. Presidió su Primer Congreso Universal (Boulogne-Sur-Mer, Francia, 7 a 12 de agosto de 1905 y dirigió la Academia de Esperanto.

Además es recordado por la creación del término déjà vu en su libro L'Avenir des Sciences Psychiques, donde también define la metagnomia, el conocimiento adquirido sin el uso de los sentidos, lo que hoy se conoce como percepción extrasensorial.

Boirac formó parte del Consejo de Consulta de la Sociedad Magnetológica Argentina, fundada por el químico, escritor y también psíquico paraguayo Ovidio Rebaudi

George Francis Rayner Ellis

(Nacido la Ciudad del Cabo el 11 de agosto de 1939) es un cosmólogo sudafricano que ocupa actualmente una cátedra de física en la Universidad de Ciudad del Cabo.

George F. R. Ellis es profesor emérito de la cátedra de Ciencias Complejas y Matemáticas Aplicadas en la cosmopolita Universidad de la Ciudad del Cabo, y es considerado en el presente (2008) uno de los principales referentes teorizadores de la cosmología.

Ha sido galardonado y posee el carácter desde el 18 de mayo de 2007 de FRS (Miembro de la Royal Society) y se lo considera uno de los principales teóricos contemporáneos en cosmología dedicándose especialmente a los Sistemas complejos en el Departamento de Matemática y Matemática Aplicada de la Universidad de la Ciudad del Cabo.

Es coautor de The Large Scale Structure of Space-Time (La gran estructura y escala del espacio-tiempo) junto al físico Stephen Hawking de la Universidad de Cambridge, tal libro ha sido publicado en 1973 por la Universidad de Cambridge (Inglaterra).

Entre 1988 y 1992 Ellis ha sido presidente electo de la International Society on General Relativity and Gravitation.

En 2004 obtuvo el premio Templeton de las ciencias.

En el 2005 fue orador invitado en la conferencia Nobel dada en Saint Peter.

Por otra parte siendo un cuáquero practicante desempeña desde el 2008 el cargo de presidente de la International Society for Science and Religion.

Tras la caída del régimen racista se le pudo galardonar en el 1999 con la decoración Star of South Africa (Estrella de Sudáfrica) junto a Nelson Mandela.

(Fuente: http://es.wikipedia.org/wiki/George_Ellis)

Tony Rothman

(Nació en 1953) es un físico teórico estadounidense, académico y escritor.

Tony es el hijo del físico y escritor de ciencia ficción Milton A. Rothman.

Rothman tiene un B.A. del Swarthmore College, (1975) y un doctorado de la Universidad de Texas en Austin (1981), donde estudió en el Centro de la Relatividad.

Continuó becas post-doctorales en Oxford, la Universidad de Moscú y la Universidad de Ciudad del Cabo.

Rothman trabajó brevemente como editor en la revista Scientific American, luego enseñó en Harvard, Illinois Wesleyan University, Bryn Mawr College, y más recientemente en la Universidad de Princeton.

Se ha preocupado principalmente de la relatividad general y cosmología, para el que ha hecho contribuciones al estudio del universo primitivo, nucleosíntesis y específicamente en la cosmología, los agujeros negros, la cosmología inflacionaria y gravitones.

Rothman fue el editor científico de las Memorias de Andrei Sajarov, y ha colaborado en numerosas revistas, incluyendo la revista Scientific American, Discover, The New Republic y la Historia Hoy.

También ha publicado seis libros de divulgación científica y de historia de la ciencia.

Fue coautor de Matemáticas: Geometría Sagrada Templo japonés con Hidetoshi Fukagawa.

(Fuente: http://en.wikipedia.org/wiki/Tony_Rothman)

Jian-Wei Pan

Intereses de Investigación

La teoría y la experimentación en la comunicación cuántica y la computación cuántica

La óptica cuántica e información cuántica, la física atómica frío, el entrelazamiento de múltiples fotones

Repetidor cuántico, el espacio libre y basado en fibra distribución de clave cuántica a larga distancia

Simulación cuántica, la fotónica cuántica de estado sólido

(Fuente:
http://quantum.ustc.edu.cn/member/homepage.php?uid=16)